오늘도, 엄마합니다

오늘도, 엄마합니다

초판 1쇄 발행 2025년 7월 18일

지은이 김소연
펴낸이 장현수
펴낸곳 메이킹북스
출판등록 제 2019-000010호

디자인 최미영, 홍규선
편집 홍규선
교정 안지은
마케팅 김소형

주소 서울특별시 구로구 경인로 661, 핀포인트타워 912-914호
전화 02-2135-5086
팩스 02-2135-5087
이메일 making_books@naver.com
홈페이지 www.makingbooks.co.kr

ISBN 979-11-6791-722-5(03810)
값 16,800원

ⓒ 김소연 2025 Printed in Korea

잘못된 책은 구입하신 곳에서 바꾸어 드립니다.
이 책의 전부 또는 일부 내용을 재사용하려면 사전에 저작권자와 펴낸곳의 동의를 받아야 합니다.

홈페이지 바로가기

메이킹북스는 저자님의 소중한 투고 원고를 기다립니다.
출간에 대한 관심이 있으신 분은 making_books@naver.com으로 보내 주세요.

"엄마라는 말에 울컥한 적 있다면, 이 시집은 당신을 위한 책입니다."

오늘도, 엄마합니다

김소연 지음

"아이를 키우며, 나도 자라온 시간의 기록."

메이킹북스

목차

1장. 엄마가 되는 중입니다

- '엄마'라고 불린 첫날   10
- 내 이름이 사라졌다   12
- 육아는 처음이라   14
- 하루 종일 품에 안고   16
- 아이가 자는 사이 나는 깨어 있다   18
- 매일이 초보 엄마   19
- 사랑하지만 가끔은 도망가고 싶다   20
- 엄마도 엄마가 되어가는 중   22
- 출산 후 처음 거울을 본 날   24

2장. 아이가 자라면서 나도 자란다

- 아이가 말하는 법을 배울 때, 나는 기다리는 법을 배웠다   28
- 이유식보다 더 어려운 육아의 이유   30
- 첫걸음을 떼던 날   32
- 엄마의 하루는 25시간   34
- 세상에서 가장 긴 10분, 병원 대기실에서   36
- 아이가 학교에 가는 날   38
- 내 마음의 경력 단절   40
- 아이를 키우며 나도 자란다   42
- 아이가 처음 내 손을 놓던 날   44
- 잠깐 쉬었다 가요   46

3장. 사춘기 엄마 수업

- 언젠가 아이가 엄마를 이해하는 날   50
- 사랑하지만, 가끔은 너무 낯설다   52
- 엄마, 제발 내버려 둬요   54
- 우리라는 말이 버거울 때   56
- 아이를 보면 남편이 보인다   58
- 친구 같은 엄마? 엄격한 엄마?   60
- 사춘기 아이의 비밀   62
- "엄마 미안해" 그 한마디에 무너지는 밤   64
- 사춘기 아이에게 편지를 쓴다면   66

4장. 엄마도 홀로 서기를 배운다

- 아이는 크고, 나는 늙는 중   70
- 처음에도 서툴렀고, 지금도 서툴다   72
- 나도 한때는 아이였다   74
- 아이가 떠난 방을 정리하며   76
- 아이를 키우며 나는 무엇을 남겼을까   78
- 엄마라는 이름 뒤에 숨은 외로움   80
- 내 몫의 행복을 찾아서   82
- 엄마도 변한다   84
- 아이의 독립, 엄마의 독립   86

5장. 내가 엄마가 되어보니

- 내가 엄마가 되어보니   90
- 밥을 꼭꼭 씹어 넘기는 이유   92
- 감기 걸린 아이 곁에서 밤을 새운다는 것   94
- 엄마는 왜 늘 나보다 먼저 깨어 있었을까   97
- 소리 없이 방을 정리하는 마음   99
- 아이의 시간을 바라보는 법   101
- 엄마의 가장 맛있는 한 끼   104
- 엄마도 엄마의 엄마를 그리워한다   106

6장. 내일도, 엄마합니다

- 아이의 한마디에 모든 피로가 사라진다 112
- 눈물 나게 고마운 순간들 114
- 엄마가 행복해야 가족도 행복하다 116
- "엄마, 사랑해" 그 한마디 119
- 고단하지만 아름다운 이름 122
- 엄마의 사랑은 계속된다 124
- 나는 오늘도 엄마를 배운다 127
- 엄마 마음 사용 설명서 130
- 오늘도, 내일도 엄마합니다 132
- 엄마라는 말은 오래 남는다 135
   - 엄마라는 말, 그 이름만으로 충분한 - 이 세상 모든 엄마에게

1장. 엄마가
되는 중입니다

'엄마'라고 불린 첫날

처음이었다
나를 부르는 그 소리가 낯설었던 건

"엄마"
작은 입술이 내뱉은
두 글자가
세상을 흔들었다

나는 웃었고,
그 순간 나는
다시 태어났다

엄마라고 불리는 게
이렇게 무거운 일인지,
이렇게 따뜻한 일인지

그제야 알았다

작은 손이 내 손을 잡고
처음 내 이름을 불러준 날,

두 글자에 불과한 그 말이
나를 통째로 바꿔놓았다

나는 이제,
누군가의 전부다

내 이름이 사라졌다

이름표에 적힌 내 이름이
언제부턴가 '엄마'로 바뀌었다

친구들이 부르던 이름은 어디론가 사라지고

누군가의 엄마,
누군가의 아내로 불리며
나는 점점 흐릿해졌다

내가 사라지는 게 두려워
내 이름을 수없이 불러보았지만

돌아오는 대답은 '엄마'였다
사라졌다고 생각했던 내 이름은

사실, 내가 지워버린 거였다

아이를 품고,
가족을 안으며

나는 나를 덮었다
하지만,
여전히 내 안에 남아 있는
나를 다시 만나기 위해
나는 오늘도, '엄마'라고 불린다

육아는 처음이라

아이가 울면 나도 울었다
어떻게 달래야 할지 몰라서
내 품에서 울음을 그칠 때까지
나는 가만히 숨을 참았다

처음 안는 법을 배웠고
처음 재우는 법도 배웠다

하지만 가장 어려운 건 엄마로서 웃는 법이었다

힘들다고 말할 수도 없고
도망가고 싶다고 울 수도 없는

그저, 처음이라 서툴고
처음이라 눈물 나지만
처음이라 너무 벅차고
처음이라 너무 사랑스러운

그래서 더 어렵고,
그래서 더 아픈 게
육아라는 걸

나는 오늘도 배우고 있다

하루 종일 품에 안고

작은 몸을 내 가슴에 안고
꼼짝하지 못한 채
나는 하루 종일 멈춰 있었다

팔이 저리고
허리가 아려와도
움직일 수 없었다

작은 숨소리에
내 심장이 맞춰 뛰었고
가슴 위에 얹힌 작은 온기가
내 체온이 되었다

잠시라도 내려놓으면
울음을 터뜨릴까 봐
안고 또 안고
끝이 없는 품속에
나를 감췄다

아이가 깊게 잠든 순간에야
나는 비로소 한숨을 내쉬었다

하지만,
가슴에서 떠난 아이의 온기가
아직도 내 심장을 안고 있었다

아이가 자는 사이 나는 깨어 있다

작은 숨소리가 들릴 때마다
나는 숨을 죽였다

깊게 잠든 걸 확인하고도
혹시나 깨지 않을까
조심스레 이불을 덮었다

엄마라는 이름으로
깨어 있는 시간은
아이의 꿈속까지 이어지고

작은 뒤척임에도
눈을 뜨고
귀를 기울이며

나는 밤새도록
아이의 숨소리를 지켰다

아이의 꿈이 편안하도록
내 잠을 접어두고
나는 오늘도
아이가 자는 사이
깨어 있다

매일이 초보 엄마

오늘도 처음 배운다
어제의 실패를 떠올리며
다시 시작하는 방법을

한 걸음 뒤로 물러나
아이의 세상을 바라보고
한숨을 삼키며
내 마음을 달랜다

아이도 처음이고
나도 처음이라
서로에게 서툴지만
그 서툼 속에서
우린 조금씩 자라고 있다

매일 넘어지고
매일 후회하지만
다시 내일을 기다리며
초보 엄마는
또 하루를 배운다

사랑하지만 가끔은 도망가고 싶다

사랑하는데도 가끔은
너무 버거워서
아무도 없는 곳으로
도망가고 싶다

작은 손길이 귀엽다가도
끝없는 요구에 지치고
따뜻한 미소가 고마우면서도
나를 갉아먹는 날이 있다

나쁜 엄마가 된 것 같아
스스로를 미워하고
그래서 더 도망가고 싶다

하지만 도망갈 수 없다
나를 부르는 작은 목소리
엄마라는 이름이
나를 붙잡기 때문이다

사랑하지만
가끔은 도망가고 싶고
도망가고 싶지만
결국, 내가 돌아올 곳은
언제나 너의 곁이라는 걸 안다

도망가고 싶을 때마다
사랑이 나를 붙잡는다

엄마도 엄마가 되어가는 중

아이에게서 눈을 떼지 못하면서도
가끔은 나 자신을 잊어버린다

엄마라면 당연한 것처럼
아이를 먼저 생각하고
내 시간은 뒤로 미룬다

하지만 나도
엄마가 처음이라
서툴고 두려울 때가 많다

실수하고, 미안해하고
다시 다짐하고
또 후회하고

그러면서 나도
엄마가 되어간다

아이를 키우면서 나도 자라고
아이의 웃음에
내 마음도 자란다

엄마라는 이름이
점점 나에게 익숙해질 때쯤
나는 비로소
진짜 엄마가 되어가는 중이다

출산 후 처음 거울을 본 날

거울 속에 비친 나는
내가 알던 내가 아니었다

부은 눈과
초췌한 얼굴
늘어진 뱃살과
엉망이 된 머리카락

한참을 바라보다
익숙하지 않은 모습에
문득 눈물이 났다

누군가의 엄마가 되기 위해
나는 나를 벗어버렸고
낯선 얼굴 뒤엔
여전히 나를 찾고 있는
내가 있었다

거울 앞에서
나는 다짐했다

엄마라는 이름을 안고
내 이름도 잃지 않겠다고

낯선 얼굴 속에서도
나를 찾아가겠다고

2장. 아이가 자라면서 나도 자란다

아이가 말하는 법을 배울 때, 나는 기다리는 법을 배웠다

옹알이를 시작할 때부터
나는 기다리는 법을 배웠다

서툰 발음과
끝나지 않는 더듬거림에
말을 대신하고 싶었지만

꾹 참으며
그 작은 입술이
스스로 단어를 찾기를 기다렸다

답답함에 목이 메고
마음이 타들어 가도

내 욕심을 삼키며
아이의 시간을 기다렸다

아이에게는
서두르지 않는 귀가 필요하고
말을 대신하지 않는 침묵이 필요하다는 걸
아이를 키우며
나는 비로소 배웠다

기다림은
사랑의 또 다른 이름이라는 것을

이유식보다 더 어려운 육아의 이유

숟가락을 들고
한 입 떠먹이기까지
천 번의 인내가 필요하다

한 번 웃어주고
두 번 달래고
세 번 애원하고 나면
겨우 한 숟가락을 삼킨다

아이의 입은 작지만
내 인내는 길어야 하고
아이의 시간은 느리지만
내 숨은 깊어야 한다

숟가락질 하나에도
희로애락이 오가고
한 숟가락 삼킬 때마다
내 인내도 삼켜진다

배보다 마음이 먼저 부르고
아이보다 내가 더 지치는 시간

이유식보다 더 어려운 건
아이에게 밥을 먹이는 일이 아니라
나의 마음을 다스리는 일이었다

첫걸음을 떼던 날

작은 발이 바닥을 딛고
비틀거리며 앞으로 나아갔다

떨어질 듯 말 듯
흔들리는 걸음걸이에
내 심장도 덩달아 흔들렸다

넘어질까 봐
두 손을 뻗었지만
아이의 두 발은
내 손에 닿지 않고
스스로 균형을 잡았다

첫 발걸음이
이렇게 눈물 나는 일일 줄
그제야 알았다

한 걸음 한 걸음이
아이에게는 도전이었고
나에게는 이별이었다

아이의 걸음이
내 품을 떠나는 순간,
나는 처음으로
아이의 독립을 배웠다

첫걸음은 아이에겐 시작이었고
엄마에겐 놓아주는 연습이었다

엄마의 하루는 25시간

하루는 24시간이라는데
엄마의 하루는 끝이 없다

아이가 잠든 밤에도
끝나지 않는 집안일과
내일의 준비가 이어지고

잠깐 눈을 감아보지만
머릿속은 이미 내일로 달려간다

내일 아침 메뉴는 뭘로 할까
준비물은 다 챙겼나
학교에서 힘들진 않을까

생각은 꼬리를 물고
시간은 멈추지 않는다

내 시간은 언제쯤 올까
생각하다가
잠들고 만다

그리고 아침이 오면
또다시 25번째 시간이 시작된다

엄마의 하루는 언제나
하루보다 조금 더 길다

세상에서 가장 긴 10분, 병원 대기실에서

문이 열릴 때마다
심장이 쿵 내려앉는다

간호사의 발걸음 소리에
고개가 절로 돌아가고
누군가의 이름이 불릴 때마다
입술을 꼭 깨문다

10분이 이렇게 길 줄은 몰랐다

분명 시계는 1분씩 흘러가지만
내 시간은 멈춰 있다

결과가 나올 때까지
아니, 아이가 건강하다고 할 때까지
나는 숨조차 쉴 수 없다

내 마음이
아이의 아픔을 대신할 수 있다면
아무리 긴 시간도
견딜 수 있을 텐데

내 기도가 닿기를 바라며
두 손을 모으는 동안
세상에서 가장 긴 10분은
눈물로 흘러갔다

아이가 학교에 가는 날

작은 손을 잡고
학교 문 앞에 섰다

아이의 작은 발걸음이
나를 뒤로 남겨두고
점점 멀어질 때
내 발걸음도 함께
떨어져 나갔다

뒤돌아보며 손 흔드는
아이의 웃음 뒤에
내 마음 한 조각이
떨어져 나가는 걸
아이만 몰랐다

처음 엄마가 된 날보다
더 떨리는 순간
작은 등이 사라질 때까지
나는 한 걸음도
떼지 못했다

학교 문을 나서며
나는 비로소 알았다

아이가 떠나는 연습을 하는 동안
나도 이별을 배워가고 있다는 것을

이별은 그렇게
조용히 시작되었다

내 마음의 경력 단절

일을 잠시 멈췄을 뿐인데
마음까지 멈춰버렸다

책상 앞에서 빛나던 시간들이
아이 곁에서 흐릿해지고
커리어의 끝자락에서
나는 멈춰 서 있었다

누군가는 쉬는 시간이라 말하지만
나에게는 멈춤이었다

내 이름 대신
누군가의 엄마로 불리며
내 꿈은 점점 뒤로 밀려갔고
나는 점점 작아졌다

경력 단절은
커리어의 끊김이 아니라
내 마음의 단절이었다

언젠가 다시 시작할 수 있을까
두려움에 멈칫거리지만
내 아이에게
포기하지 않는 꿈을 보여주기 위해
나는 오늘도
내 마음을 다시 일으킨다

오늘 내가 시작하는 이 작은 걸음이
언젠가 다시,
내 이름으로 돌아가는 길이 될 것이다

아이를 키우며 나도 자란다

처음엔 내가 가르치는 줄 알았다
하지만 아이가 울고 웃는 동안
나는 기다림을 배웠고
작은 손을 잡으며
나도 같이 자랐다

아이의 첫걸음에
내 마음도 떨렸고
아이의 첫말에
내 눈물도 흘렸다

넘어질 때마다
일으켜주면서
나도 내 마음을
다시 세우는 법을 배웠다

아이에게 가르친 용기가
나에게 돌아와
나도 두려움을 이겨내고
한 걸음 더 나아갔다

아이의 성장은
나의 성장이었고
아이의 웃음은
내 인생의 답이었다
아이를 키우며
나는 엄마가 되었고 아이 덕분에
나는 나를 찾았다
나도 자라고 있었다는 걸 뒤늦게 알았다

아이가 처음 내 손을 놓던 날

작은 손이 내 손을 놓고
한 걸음 앞서 나아갔다

나는 놀랐지만
아이의 등을 바라보며
아무 말도 하지 않았다

혹시 넘어지지 않을까
뒤에서 팔을 벌리고 싶었지만
나는 가만히 서 있었다

내가 먼저 손을 뻗으면
아이는 스스로 일어나는 법을
배우지 못할까 봐

넘어져도 괜찮다고
다시 일어설 수 있다고
나는 믿기로 했다

작은 발걸음이
서툴지만 힘차게 나아가는 동안
내 가슴도 벅차올랐다

그 순간 알았다
내가 손을 놓아야
아이가 세상과 만날 수 있다는 걸

나는 오늘도
아이의 등을 바라보며
가만히 기다린다

작은 발걸음이
더 멀리 나아갈 수 있도록
나는 믿음으로
아이의 손을 놓는다

잠깐 쉬었다 가요

엄마의 머릿속에는 오늘도
지우고, 쓰고, 다시 쓰는 일정표가
세 겹쯤 접혀 있다
'급식 확인했나?'
'수학 과제 냈니?'
'체육복 챙겼지?'
…어딘가 놓쳤다 싶으면 기억이 아니라
육감이 먼저 반응한다
그러니까,
엄마도 쉬는 날이 필요하다

오늘 일정: 아무것도 안 하기 그것도 꽤 바쁜 일이다

3장. 사춘기 엄마 수업

언젠가 아이가 엄마를 이해하는 날

언젠가 아이가
엄마의 눈물을 알게 될 날이 올까

항상 강한 줄만 알았던
엄마의 어깨가
작고 떨리는 걸
언젠가 알게 될까

웃으며 괜찮다 말하고
뒤돌아서서 울던 밤들
가슴속에 숨겨둔 한숨을
언젠가 이해하게 될까

밥을 먹으면서도
아이 생각으로 가득 차
한 숟가락도 제대로 넘기지 못하는
엄마의 마음을
언젠가 알게 될까

사랑하기에 아프고
사랑하기에 지쳐가는
엄마의 고단한 하루를
언젠가 이해할 날이 올까

언젠가 아이도 누군가의 엄마가 되어
잠 못 드는 밤을 보내며
자신의 엄마를 떠올리겠지

그때서야 알게 되겠지
엄마의 사랑이 바라기꽃처럼
늘 한곳만 바라보았다는 걸

그리고 그날,
아이도 비로소
엄마가, 아빠가 되겠지

엄마는 그날을 기다린다
아이의 마음이
자신에게 닿는 날을
사랑이 다시 돌아오는 날을

사랑하지만,
가끔은 너무 낯설다

작은 손을 잡고 걷다가도
문득 낯설 때가 있다

내 뱃속에서 자란 아이인데
내 심장보다 더 가까웠던 아이인데
가끔은 너무 멀게 느껴져
낯설고 어색하다

어제는 내 품에서 잠들던 아이가
오늘은 혼자 문을 닫고 싶다고 말하고
어제는 나에게 질문을 퍼붓던 아이가
오늘은 대답 없이 눈을 피한다

사랑하지만
가끔은 너무 낯설고
내 아이가 맞는지
확인하고 싶을 만큼 멀게 느껴진다

하지만 이 낯섦은
아이가 자라고 있다는 증거이고
내가 사랑을 잘 주고 있다는
표시라고 믿기로 했다

가끔은 낯설지만
그 낯섦 속에서도
나는 여전히
이 아이를 사랑하고 있다

엄마, 제발 내버려 둬요

방문이 쾅 닫히고
텅 빈 공간에 엄마 혼자 남았다

사춘기 아이의 말은
날카로운 화살처럼
가슴 깊이 꽂혔고
나는 꼼짝하지 못했다

사랑하기에
더 다가가고 싶은데
다가갈수록
더 멀어지는 아이

내가 뭘 잘못했는지
내가 뭘 모르고 있는지
답을 찾을 수 없어
혼자만의 질문을 던진다

문 하나를 두고
서로의 세상은
완전히 갈라져
아이의 마음을 알 수 없다

하지만 나는 기다린다
문이 열릴 날을
아이가 먼저 다가와
나를 다시 불러줄 날을

엄마는 오늘도
문 밖에서
아이의 마음이 열리기를
조용히 기다린다

우리라는 말이 버거울 때

예전에는 자연스럽게 나왔던 말
'우리'라는 단어가
사춘기 아이와 나 사이에
벽처럼 느껴질 때가 있다

우리 가족, 우리 집, 우리 사이
모두가 하나였던 때가
언제였는지 기억이 가물가물하다

함께 있는 시간이
점점 어색해지고
서로의 시선이 닿지 않는 곳에 있을 때
우리라는 말이
버겁게 느껴졌다

같은 공간에 있어도
서로 다른 생각 속에 살고
같은 대화를 나눠도
서로 다른 언어로 말할 때
'우리'라는 말은 다정하면서도 멀게 느껴진다

하지만 나는 믿고 싶다
이 시기가 지나면
다시 우리라는 말이
가까워질 거라고

언젠가 아이가
다시 나를 찾고
'우리'라는 말이
자연스러워질 날을
조용히 기다린다

아이를 보면 남편이 보인다

웃을 때 눈이 반달처럼 휘어지는 모습도
화날 때 입술을 앙다무는 버릇도
마치 복사해 놓은 듯 똑같다

아이를 보고 있으면
때론 남편과 대화하는 기분이 들고
남편과 다투었던 기억이
불쑥 떠오르기도 한다

좋아하는 음식도,
싫어하는 말투도
도무지 숨길 수 없는 유전자는
세대를 넘어 이어진다

내가 남편에게 느꼈던 서운함이
아이에게서 묻어날 때
나는 혼란스러워지고
남편에게 쏟아냈던 화가
아이에게 옮겨갈까 두렵다

하지만 그 속에서도 아이의 웃음에는
남편이 처음 웃던 날
그 따뜻한 표정이 담겨 있고

아이의 말투 속에는
남편이 나를 위로해 주던
부드러움이 있다

아이를 보면 남편이 보이고
남편을 보면 아이가 보인다

나는 오늘도
두 사람을 사랑하며
그 사이에서
나를 찾아간다

친구 같은 엄마? 엄격한 엄마?

가깝고 싶지만
너무 가까워도 안 될 것 같고
엄격하고 싶지만
너무 엄격하면 멀어질까 봐

친구 같은 엄마가 되고 싶다가도
가끔은 엄격한 선을 지키고 싶다

사랑한다는 이유로
가끔은 무너지고
가끔은 세워야 하는
엄마라는 경계선

친구 같은 엄마는
웃으며 모든 걸 이해해주고
엄격한 엄마는
단호하게 가르치며 이끈다

나는 그 사이에서
줄타기를 하고
넘어지지 않으려
발끝을 세운다

완벽한 답은 없다는 걸 알면서도
매일 고민하고
매일 흔들린다

친구 같은 엄마일까
엄격한 엄마일까

그 경계에서
오늘도 나는
길을 찾고 있다

사춘기 아이의 비밀

문을 닫고 혼자 있는 시간이
점점 길어지고
휴대폰 화면 속에 숨겨진
아이의 세상을 알 수 없을 때

엄마는 두렵다
무슨 생각을 하고 있는지
어떤 고민을 안고 있는지
내게 말하지 않는 비밀들이
아이의 방에 가득할까 봐

예전에는 나에게만
모든 걸 말하던 아이였는데
이제는 나보다
친구들이 먼저라는 걸
머리로는 이해하지만
마음은 따라가지 못한다

혹시 아픈 건 아닐까
혹시 외로운 건 아닐까
끝없는 걱정 속에서
나는 혼자만의 추측을 하고
혼자만의 결론을 내린다

문을 두드리고 싶지만
아이의 비밀을 존중해주고 싶어서
한 발 물러서고
멀리서 지켜본다

언젠가 아이가
다시 마음을 열고
나에게 비밀을 털어놓는 날이 오기를
나는 오늘도 기다린다

'엄마 미안해'
그 한마디에 무너지는 밤

문득 들려온
작은 목소리
"엄마, 미안해"

고작 그 한마디에
내 마음은 무너져 내렸다

힘들게 참아왔던 눈물이
한순간에 터져 나와
아이 몰래 등을 돌리고
소리 없이 울었다

화를 내고 돌아섰던 내가
미안해졌고
못난 엄마라며 자책하며
마음 한구석이
무너져 내렸다

작은 입술에서 나온
미안하다는 말이
이토록 무겁고 아플 줄
몰랐다

엄마는 강한 척하지만
아이의 말 한마디에
이렇게 쉽게 무너진다

나는 오늘도
아이 몰래 눈물을 닦고
다시 웃으며
강한 척, 엄마가 된다

사춘기 아이에게 편지를 쓴다면

사랑하는 내 아이야,

문득 너의 방문 앞에 서서
열어볼까 망설이던 적이 많았단다

문이 열리면
너의 비밀이 무너질까 봐
네가 날 원망할까 봐
조용히 발걸음을 돌리곤 했지

예전엔 너의 모든 걸 알았는데
이젠 네가 뭘 좋아하는지
어떤 생각을 하는지
모를 때가 많아서 엄마는 가끔 두려워져

내가 너에게 너무 가까이 다가가
숨 막히게 하진 않을까
너의 비밀을 존중해주지 않아서
넌 나에게 마음을 닫진 않을까

때론 네가 낯설고
때론 네가 그리워
네가 나를 멀리할수록
나는 더 가까이 있고 싶어지지만

그럴수록 널 더 이해해주고
더 기다려주려고 해
너에게도 혼자 있고 싶은 시간이
필요하다는 걸 알기에

언젠가 네가
다시 내게 다가와 엄마에게 비밀을 털어놓고
예전처럼 웃어주길 바라지만

그날이 언제가 될지 몰라서
엄마는 오늘도 기다린단다
네가 먼저 문을 열어주기를
그때까지,
엄마는 이 자리에,
너를 기다리며 서 있을게

4장. 엄마도
홀로서기를
배운다

아이는 크고, 나는 늙는 중

아이는 쑥쑥 자라고
나는 하루하루 늙어간다
아이의 키는 나를 넘어서고
아이의 목소리는 굵어지는데
내 목소리는 갈수록 작아진다

같이 걷던 길에서
언젠가부터
내 걸음이 느려졌고
아이의 뒷모습이
먼저 앞서간다

아이의 얼굴에서
어린 날의 내가 보이고
내 얼굴엔
어머니의 주름이 겹쳐진다

아이는 앞으로 자라가고
나는 뒤로 물러서며
조용히 아이의 성장을 지켜본다

아이의 세상은 넓어지는데
내 세상은 점점 좁아져

아이의 꿈이 커질수록
내 하루는 작아진다

그럼에도 나는 웃는다 아이가 자라는 만큼
내 삶이 깊어진다고 믿으며
아이는 크고
나는 늙는 중이다

처음에도 서툴렀고, 지금도 서툴다

처음 엄마가 되었을 때
무엇을 어떻게 해야 할지 몰라
아이와 함께 울었고
아이와 함께 배웠다

시간이 지나면 익숙해질 줄 알았지만
아이는 자라고
문제는 달라지고
내 마음은 여전히 서툴기만 하다

아이의 마음을 읽고 싶어도
나조차 내 마음을 모를 때가 있고
사랑한다고 말하면서도
상처를 줄 때가 있다

완벽한 엄마가 되기보다는
실수해도 다시 일어나는
사랑을 배워가는 중이다

서툴러도 괜찮다고
나도 매일 자라나는 중이라고
아이에게 말해주고 싶다

나도 한때는 아이였다

나도 한때는 아이였다
엄마의 품이 세상의 전부였고
작은 일에도 눈물이 나고
작은 기쁨에도 세상이 빛나던
순수했던 그때가 있었다

엄마의 한마디에 웃고 울며
사랑받고 싶어 애썼던
어린 내가 있었고
그 아이가 자라 지금의 내가 되었다

그런데 엄마가 되고 나니
그때의 내가 생각난다
아이를 혼내고 돌아섰을 때
문틈으로 울던 내 모습이
아이의 얼굴에 겹쳐진다

나도 그때는 몰랐다
엄마가 왜 화냈는지
엄마가 왜 눈물 삼켰는지
왜 나를 외면했는지

이제야 알겠다
엄마도 그때
서툴고 아팠다는 걸
나를 사랑하기에

더 아팠다는 걸
나도 한때는 아이였고
지금도 아이 같은 엄마라서 서툴고 어설프지만
그때의 나를 떠올리며 오늘도 아이를 안아준다

아이가 떠난 방을 정리하며

문을 열었을 때
텅 빈 방 안에
아이의 시간이 멈춰 있었다

옷장 속에는
작아진 옷들이 가지런히 걸려 있고
책상 위에는
연필 자국이 선명히 남아 있었다

잠들기 전 들리던
가쁜 숨소리도 사라지고
함께 나눈 웃음도
그 방에 남아 있었다

작은 인형 하나에도
아이의 손길이 닿아 있었고
구석진 모퉁이마다
함께한 시간이 묻어 있었다

정리한다는 핑계로
아이의 시간을 하나씩 지우며
나는 몰래 눈물을 훔쳤다

아이의 방을 정리하는 게
이렇게 아플 줄 몰랐다

하지만 나는 알았다
방을 정리한다고 해서
아이와의 기억이 사라지는 건 아니란 걸

아이의 방이 비워질수록
내 마음은 더 꽉 차오른다

나는 오늘도
아이의 방을 정리하며
기억을 하나씩 꺼내어 본다

아이를 키우며 나는 무엇을 남겼을까

작은 손을 잡고
수없이 걸었던 길 위에
나의 시간도 함께 흘렀다

아이의 첫걸음,
첫 말, 첫 웃음 속에
내 모든 감정이
고스란히 스며들었고

잠들기 전 불러주던 자장가에
내 하루의 피로가 묻어났고
아이의 눈물에
내 눈물도 따라 흘렀다

아이를 키우며
나는 얼마나 많은 것을 주었고
또 얼마나 많은 것을 받았을까

사랑을 주며
내 마음은 더 넓어졌고
기다림을 배우며
내 인내는 깊어졌다

문득, 마음속에 물음이 일었다
아이에게 나는
무엇을 남겼을까

한없이 주기만 했던 시간들 속에서
나는 무엇을 남겼고
또 무엇을 잃었는지

그래도 후회는 없다
내가 남긴 사랑이
아이에게 닿아
언젠가 꽃피울 거라 믿기에

아이를 키우며
나는 사랑을 남겼다

엄마라는 이름 뒤에 숨은 외로움

아이의 이름을 수없이 부르면서도
정작 내 이름은 부를 일이 없었다

누군가의 엄마로 불리며
나의 이름은 점점 희미해졌고
내 존재도 덩달아
작아졌다

아이를 위해 웃고
가족을 위해 울고
모든 걸 품어내는 내가
언젠가부터 혼자라는 걸
깨닫는 날이 많아졌다

아이의 웃음에 웃고
아이의 눈물에 울며
아이의 세상에 나를 맞췄지만
그 안에 나는 없었다

엄마라는 이름 뒤에
내 외로움은 숨었고
누군가에게 말할 수 없는
고독이 자라났다

하지만 그 외로움조차
아이에게 들키기 싫어
나는 오늘도 웃는다
엄마라는 이름으로
외로움을 감춘다

내 몫의 행복을 찾아서

엄마라는 이름으로 살다 보니
내 이름은 점점 희미해졌고
내 꿈은 뒷전으로 밀려났다

아이를 위해, 가족을 위해
많은 걸 내려놓았지만
가끔은 내가 사라진 기분이 들었다

거울 속 나에게서
언제부터였는지 모르게
설렘과 웃음이 사라졌고

내 행복은 어디에 있을까
생각해보니
언젠가부터 내 행복의 기준이
가족의 행복에 맞춰져 있었다

하지만 이제는
내 몫의 행복도 찾아야겠다고
결심했다

나를 위해 웃고
나를 위해 울고
나를 위해 꿈꾸며
내 인생의 주인공이 되기로 했다

아이에게도
행복한 엄마를 보여주고 싶어서
엄마도 행복할 권리가 있다는 걸
알려주고 싶어서

오늘부터 나는
내 몫의 행복을 찾아서
한 걸음 내딛는다

엄마도 변한다

처음에는 완벽한 엄마가 되고 싶었다
아이에게 모범이 되고 싶었고
아이의 모든 것을 알고 싶었다

하지만 시간이 지나며 알았다
완벽한 엄마는 없다는 것을
모든 걸 알 필요는 없다는 것을

아이의 성장을 따라가며
나도 변했다
기다림을 배우고
믿음을 배우며
조금씩 놓는 법을 배웠다

언제나 옳다고 생각했던 나의 방식이
아이에게는 아니었음을 깨닫고
고집을 내려놓고
아이의 말을 듣는 법을 배웠다

사랑하는 방식도 변했고
지켜보는 법도 변했다
가까이 다가가던 걸음을
한 발 물러서는 법을 알게 되었다

엄마도 완벽하지 않다는 걸
아이에게 보여주기로 했다
그래서 나도 실수하고
나도 울고 웃으며
같이 자라가기로 했다

엄마도 변하고
엄마도 성장한다

아이와 함께
오늘도 나는
변화를 배우고 있다

아이의 독립, 엄마의 독립

아이의 발걸음이
점점 멀어질 때
내 마음도 한 걸음씩
뒤로 물러섰다

처음엔 놓을 수 없어서
붙잡고만 싶었지만
아이의 날갯짓이
더 높이 오르기 위해서는
내 손을 놓아야 한다는 걸
조금씩 깨달았다

아이의 독립은
내게도 독립이었다
의지했던 시간에서
서로 벗어나
다시 나를 찾아가는 시간

아이의 방이 비워지며
내 마음도 텅 비어갔고
그 빈자리에는 오랜만에 마주한
나의 모습이 앉아 있었다

아이를 위해 살아왔던 시간에서
이제는 나를 위해 살아가는 시간으로
내 삶의 무게중심이
다시 나에게로 옮겨진다

아이의 독립이
내게도 자유를 주었고
엄마라는 이름 뒤에 숨었던
내 이름을
다시 찾기 시작했다

아이의 독립,
그리고 엄마의 독립
서로의 자유를 응원하며
서로의 행복을 기원하며
오늘도 나는
한 걸음 뒤에서
아이의 길을 지켜본다

5장. 내가 엄마가 되어보니

내가 엄마가 되어보니

내가 엄마가 되어보니
그제야 알았다

엄마가 왜 밥을 꼭꼭 씹어 넘기며
뜨거운 국을 후후 불었는지

왜 나보다 한참 전에 잠들었다고 생각한 엄마가
늘 나보다 먼저 깨어 있었던 건지

내가 엄마가 되어보니
그제야 알았다

어린 날, 감기 걸려 밤새 뒤척이던 내 머리맡에서
엄마가 얼마나 오랫동안 내 숨소리를 세고 있었는지

아플 땐 병원보다
엄마 손이 먼저였던 이유를

소리 없이 방을 정리하고,
늘어진 가방 끈을 매만지며
그 속에서 쑥쑥 자라고 있을 아이의 시간을
조용히 바라보는 마음을

엄마가 되기 전엔 몰랐다
그 모든 순간이,
사랑이었다는 것을

밥을 꼭꼭 씹어 넘기는 이유

어릴 적에는 몰랐다
엄마가 왜 밥을
꼭꼭 씹어 넘기던 건지

입안에서 오래 머물다
천천히 삼키는 모습을 보며
나는 답답해했고
빨리 먹으라며 재촉하기도 했다

하지만 내가 엄마가 되어보니
그제야 알았다

밥을 씹으며 삼키던 건
음식만이 아니었다는 걸

아이를 키우며 생긴 걱정과 불안,
지친 하루의 무게와
끝없는 희생 속에서
엄마는 그 모든 걸
밥과 함께 삼켰다는 걸

밥을 꼭꼭 씹어 넘기는 동안
울지 않기 위해
눈물을 삼켰고
소리 내지 않기 위해
한숨을 삼켰다는 걸

오늘 나도
밥을 꼭꼭 씹어 넘긴다
엄마가 그랬던 것처럼

눈물을 삼키며
사랑을 삼키며

감기 걸린 아이 곁에서 밤을 새운다는 것

어릴 적,
감기 걸려 뒤척이던 내 머리맡에서
엄마는 밤새 나를 지켜보았다

잠든 내 숨소리를 세며
나보다 더 깊게 잠들지 못하고
미열에도 눈을 뜨고
작은 기침 소리에도 가슴이 내려앉았던 엄마

그때는 몰랐다
엄마가 왜 그렇게 잠을 설치며
나를 지켰는지

그때의 나는
그저 아프다고 투정만 부렸고
약이 쓰다고 울기만 했고
엄마 손이 따뜻하다며
잠시 안도했을 뿐이었다

하지만 내가 엄마가 되어보니
그제야 알았다

아이의 숨소리가 고르지 않을 때

가슴이 철렁 내려앉는 이유를
작은 몸이 뒤척일 때마다
내 마음도 같이 뒤집히는 이유를

내 아이의 이마에 손을 얹으며
엄마도 나에게 그랬겠지
내 체온으로 아이의 열을 가져가고 싶었겠지
내가 대신 아프길
수없이 기도했겠지

이제야 알겠다
그때 엄마가
내 머리맡에서 밤을 지새우며
얼마나 두려워하고
얼마나 애타게 기도했는지를

그리고 오늘 밤,
내가 아이 곁에서
똑같이 기도하고 있다

엄마가 그랬던 것처럼
내 아이의 숨소리를 세며
내 아이의 이마에 손을 얹으며

내가 대신 아프길 바라며

내가 엄마가 되어보니 그제야 알았다
엄마는 그때
나 때문에
밤새 눈물을 삼켰다는 걸

엄마는 왜 늘 나보다 먼저 깨어 있었을까

어릴 적 눈을 뜨면
항상 먼저 깨어 있던 엄마가 있었다

분명 나보다 늦게 잠들었을 텐데
나보다 먼저 아침을 맞이하고
식탁 위에는 이미 따뜻한 밥상이 차려져 있었다

그때는 몰랐다
엄마가 왜 그렇게 일찍 깨어 있었는지

내가 엄마가 되어보니
그제야 알았다

아이의 숨소리를 지키며
잠든 아이의 이불을 덮어주고
내일의 걱정을 미리 접어두던 밤을

아이가 꿈꾸는 동안
엄마는 내일을 준비하고 있었다는 걸

한숨 돌릴 새도 없이
쌓여가는 집안일 속에서
아이의 미소 하나에

다시 하루를 시작할 힘을 얻었던 걸

엄마는 나보다 먼저 깨어 있었던 게 아니라
깊이 잠들지 못했던 거라는 걸

내가 엄마가 되고 나서야 알았다
엄마는 늘
나를 지키며 깨어 있었다는 걸

소리 없이 방을 정리하는 마음

어릴 적,
엄마가 내 방을 정리할 때마다
왜 그렇게 조용했는지 몰랐다

발소리 하나 내지 않고
책상을 닦고
이불을 정리하며
작은 흔적 하나까지도
조심스레 다루던 그 손길

나는 그저 귀찮아서
엄마가 빨리 나가길 바라며
등을 돌리고 누웠다

그때는 몰랐다
엄마가 소리 없이
내 방을 정리하며
나의 시간을 바라보고 있었다는 걸

엄마는 장난감을 정리하며
내 웃음소리를 떠올렸고
공책에 남은 삐뚤빼뚤한 글씨를 보며
내 하루를 되짚었다

엄마는 소리 없이
내 시간을 정리하며
내가 자라는 모습을
고요히 바라보고 있었다

그리고 이제,
내가 그때의 엄마가 되어
아이의 방을 정리하면서
나는 그 마음을 알아간다

작은 인형을 손에 쥐며
아이의 손길을 떠올리고
이불을 덮으며
아이의 하루를 떠올린다

엄마가 그랬듯이
나도 소리 없이
아이의 시간을 정리하며
아이의 성장을
조용히 받아들이고 있다

아이의 시간을 바라보는 법

아이의 시간을 바라보는 법은
내 시계를 멈추는 일이었다

어릴 적, 나는 몰랐다
왜 엄마가 나를
한 걸음 뒤에서 바라봤는지

나는 앞서 달리며
엄마의 걸음이 느리다고
짜증을 냈고
엄마는 그저 웃으며
뒤따라왔다

그때는 몰랐다
엄마가 나를
먼저 보내고 있었다는 걸

내 속도에 맞춰
서두르지 않고
내가 멈추면 같이 멈춰주고
내가 달리면 살짝 뛰어주던 그 걸음이
사랑이었다는 걸

이제야 안다
아이의 시간을 바라본다는 건
서두르지 않는 법을 배우는 것이고
내 걸음보다 작은
아이의 걸음에 맞춰
천천히 걷는 법을 배우는 것이라는 걸

아이의 시간이
내 시간이 아니기에
나는 한 걸음 뒤에서
아이의 뒷모습을 지켜본다

조급한 마음에
앞서 나가려다
아이의 시선을 놓쳐버린 날
나는 뒤돌아보며
혼자 외로워졌다

나는 그제야 알았다
아이의 시간을 바라본다는 건
아이의 눈높이에서
세상을 바라보는 일이라는 걸

오늘도 나는
아이의 시간에 맞춰
천천히 걷는다

서두르지 않고
재촉하지 않고
아이의 속도로
아이의 시간을
조용히 바라본다

엄마의 가장 맛있는 한 끼

어릴 적 나는 몰랐다
엄마가 왜 밥을
남김없이 먹었는지

내가 남긴 밥풀까지
숟가락으로 긁어 모으며
맛있다며 웃던 엄마가
이상하게 보이기도 했다

나는 늘 물었다
"엄마, 뭐가 제일 맛있어?"
엄마는 늘 웃으며 대답했다
"네가 남긴 밥이 제일 맛있어"

그때는 그 말이
왜 그렇게 따뜻했는지 몰랐다
그저 장난 같고
의미 없는 말인 줄만 알았다

하지만 내가 엄마가 되어보니
그제야 알았다

엄마가 좋아했던 건
내가 남긴 밥이 아니라
내가 웃으며 밥을 먹는 모습이었다는 걸

엄마는 나의 기쁨으로 배불렀고
내가 행복하면
그게 곧 엄마의 행복이었다는 걸

내가 엄마가 되어보니
그제야 알았다

엄마의 가장 맛있는 한 끼는
내 웃음이 담긴 밥상이었다는 걸

엄마도 엄마의 엄마를 그리워한다

아이의 잠든 얼굴을 바라볼 때마다
문득 엄마가 떠오른다

나도 한때는 엄마 품에서
이렇게 평온하게 잠들었겠지
내 숨소리를 세며
밤새 기도하던 엄마의 모습을
그때는 몰랐다

아이의 작은 손을 잡으면
엄마의 손이 그리워진다
언제나 따뜻하고
언제나 나를 감싸주던 그 손

이제는 내가
아이의 손을 감싸지만
그럴 때마다
엄마의 손이 그리워진다

엄마는 강한 척했지만
사실은 나만큼이나
아니, 나보다 더 외로웠겠지

아이에게 눈물을 숨기며
미소 짓는 내가
그때의 엄마와 같다는 걸 이제야 깨닫는다

혼자서 눈물 삼키며
나에게 강한 엄마가 되려고
얼마나 애썼을까

이제야 알겠다
엄마도 엄마의 엄마를
그리워했다는 걸

나처럼,
이렇게 조용히

오늘은 엄마에게
편지 한 통 써야겠다
여전히 엄마가 보고 싶다고
여전히 엄마가 필요하다고

그리고 내가 엄마가 되어보니
엄마가 얼마나
그리웠을지 이제야 알겠다고

그리움은 대물림된다는 걸
엄마도 엄마의 엄마를
그리워한다는 걸
나도 이제야 깨닫는다

6장. 내일도,
엄마합니다

아이의 한마디에 모든 피로가 사라진다

아이의 한마디는
마법처럼
마음을 움직인다

"엄마, 고마워"
그 짧은 말 한마디에
하루 종일 쌓였던 피로가
눈 녹듯 사라진다

"엄마, 미안해"
그 말 한마디에
견고하게 쌓아둔 자책이
순식간에 무너진다

사춘기의 차가운 말투 뒤에도
때때로 들려오는
작고 조심스러운 한마디가
내 마음을 녹이고

독립한 아이의 메시지 한 통에
보고 싶은 마음이 밀려오고
서운했던 기억이
사라진다

아이의 한마디에
눈물이 나도록 고마운 건
그 말이 아이의 마음이라는 걸
알기 때문이다

짧지만 깊고
작지만 무거운 그 말이
내 마음에 닿아
모든 피로를 날려보낸다

오늘도 나는
아이의 한마디에
가슴이 벅차오르고
다시 일어설 힘을 얻는다

엄마라는 이름의 무게가
잠시 가벼워지는 순간
아이의 한마디는
세상에서 가장 큰 위로다

눈물 나게 고마운 순간들

고마움은
말 한마디에서만 오는 게 아니었다

잠든 내 방에
불을 꺼주고 나가던 발소리,
늦은 밤에도 내 이불을 덮어주던 손길,
말없이 물 한 컵 내밀어주던 작은 배려가
눈물 나게 고마웠다

사춘기 아이가
툭 던지듯 내밀던 과자 한 조각,
말은 없지만
나눠 먹자는 그 마음이
세상에서 가장 따뜻했다

독립한 아이가
부모님 집에 들어서자마자
어색한 듯 쓱 내밀던 생필품 봉투,
말없이 건넨 그 손길에
고맙다는 말조차 나오지 않았다

고마움은
크고 거창한 것이 아니었다

아무 말 없이
내 옆에 앉아주던 순간,
말 대신
작은 행동으로 표현된 그 마음들이
눈물 나게 고마웠다

아이의 따뜻한 손길,
아이의 서툴지만 진심 어린 배려가
내 마음을 울리고
내 하루를 따뜻하게 만들었다

오늘도 나는
말없이 전해지는 고마움에
눈물이 핑 돌고
그 눈물을 삼키며
엄마로서 다시 서는 법을 배운다

눈물 나게 고마운 순간은
작고 사소한 행동 속에서
가장 깊은 감동으로 다가왔다

엄마가 행복해야 가족도 행복하다

엄마가 웃으면
집 안에 햇살이 들어오고

엄마가 한숨 쉬면
공기까지 무거워진다

엄마의 기분이
가족의 날씨가 되고
엄마의 표정이
가족의 온도가 된다

아이들은 모른다
엄마의 웃음 뒤에
숨은 눈물의 무게를

아이들은 모른다
엄마의 다정한 목소리가
얼마나 노력한 끝에 나오는지

엄마는 아플 때도
괜찮다고 말해야 했고
눈물이 나도
웃음을 지어야 했다

속이 시끄러워도
조용한 척,
마음이 무너져도
꿋꿋한 척,
엄마는 늘 강한 척해야 했다

하지만 이제는 알았다
엄마도 아플 수 있고
엄마도 울 수 있다는 걸

아프면 아프다고 말하고
눈물이 나면 눈물 흘려도 괜찮다는 걸

엄마가 행복해야
가족도 행복해진다는 걸

엄마가 스스로를 아껴줄 때,
가족도 서로를 따뜻하게
감쌀 수 있다

엄마가 완벽하지 않아도
엄마가 넘어지고 실수해도
엄마가 행복하면

그걸로 충분하다

오늘도 나는
내 마음의 무게를 내려놓고
내 아픔을 껴안으며
나 자신을 돌본다

아이에게 보여주고 싶다
엄마도 행복할 권리가 있다는 걸
슬퍼할 수 있고
지칠 수 있다는 걸

그래서 오늘은
내 마음을 안아주기로 했다
나도 행복한 사람이 되기로 했다

엄마가 행복해야
가족도 행복하다
엄마의 웃음이
가족의 햇살이 되니까

"엄마, 사랑해"
그 한마디

처음 "엄마, 사랑해"라고 들었을 때는
너무 놀라서
어떻게 대답해야 할지 몰랐다

작은 입술이
서툰 발음으로 내뱉은 그 말이
내 가슴을 울리고
온 세상을 다 가진 듯 행복했다

아장아장 걸어와
짧은 팔로 나를 안으며
"엄마, 사랑해" 속삭였던 그날,
내 눈에는 눈물이 고였고
아이의 미소는
내 하루를 빛나게 했다

초등학교 때는
편지지 한 장 가득
서툰 글씨로 적혀 있던 "사랑해"
그 어색하고 삐뚤빼뚤한 글자들에
나도 모르게 미소가 번졌다

사춘기가 오기 전까지는

아무렇지 않게 들리던 그 말이
사춘기에는 뚝 끊겨버렸다

익숙했던 "사랑해"라는 말이
언젠가부터
낯설고 어색한 말이 되었다

하지만 그때의 기억이
내 마음 깊은 곳에 남아
힘들 때마다 꺼내어본다

"엄마, 사랑해"
그 한마디에 담긴 아이의 마음이
나를 버티게 한다

사춘기 아이의 방에서
문틈 사이로 들려왔던
작은 목소리, "사랑해"
그 한마디에
눈물이 났다

어색해하며 내뱉은 말이었지만
그 속에 담긴 진심을 알아서

가슴이 뭉클해졌다

아이의 한마디는
시간을 거슬러 올라가
내 첫사랑을 떠올리게 한다
아이의 "사랑해"는
처음 들었을 때처럼
늘 새롭고, 늘 감동적이다

오늘도 나는
그 한마디를 마음에 품고
다시 내일을 살아갈 힘을 얻는다

"엄마, 사랑해"
그 짧은 말이
세상에서 가장 긴 여운을 남긴다

고단하지만 아름다운 이름

'엄마'라는 이름은
가장 많이 불리지만
가장 적게 불평할 수 있는 이름이다

수없이 불려도
한 번도 피할 수 없고
때로는 눈물 나도록 버거워도
결코 놓을 수 없는 이름

작은 입술이 내뱉는 '엄마'라는 두 글자에
마음이 천 번도 더 흔들리고
작은 손이 내 손을 잡을 때마다
세상을 다 가진 듯 행복해진다

가장 피곤한 순간에도
가장 먼저 달려가야 하고
가장 슬픈 날에도
가장 먼저 웃어야 하는 이름

사랑하기에
가장 아프고
놓을 수 없기에
가장 무거운 이름

하지만 그 이름을 부를 때
아이의 눈빛에 담긴 신뢰와 사랑이
내 마음을 따뜻하게 감싸고

그 이름 하나로
내 하루가 빛나고
내 인생이 채워진다

고단하지만
눈물 나게 아름다운 이름
엄마

오늘도 나는
그 이름으로 불리며
사랑을 배우고
행복을 깨닫는다

엄마라는 이름이
축복이라는 걸,
가장 힘든 날에야
비로소 알게 된다

엄마의 사랑은 계속된다

내가 어릴 적,
엄마는 나를 안고
수없이 달래주었다

밤새 뒤척이는 나를 보며
잠들지 못한 채
조용히 눈물 삼키며
기도하던 사람이었다

하지만 그때는 몰랐다
엄마의 눈물이
왜 그렇게 뜨거웠는지

사춘기 때는
서로 상처 주는 말로
마음을 닫기도 했고
눈물 섞인 고함으로
서로를 밀어내기도 했다

하지만 그때도 몰랐다
엄마가 내게
상처받는 게 더 아팠다는 걸

그리고 지금,
나는 엄마가 되어
똑같은 눈물을 삼키며
조용히 기도한다

어릴 적 내가 그랬던 것처럼
내 아이의 마음을
온전히 이해하지 못하면서도
그저 사랑할 수밖에 없어서

엄마가 내게 그랬듯이
나도 아이에게
보이지 않는 눈물을 삼키며
따뜻한 미소를 건넨다

그리고 문득 깨닫는다
엄마의 눈물이
나에게 닿아
내 눈물이 되었고

내 눈물은
다시 아이에게 닿아
끝없이 이어진다는 걸

엄마의 사랑은
눈물로 시작해
눈물로 이어지고
눈물로 기억된다

엄마의 사랑은
끊어지지 않는 실처럼
조용히, 깊게
계속된다

오늘도, 내일도
엄마의 사랑은
눈물 속에 피어나는
영원한 이름이다

나는 오늘도 엄마를 배운다

엄마는
무언가를 가르치려 한 적이 없었다

눈에 띄지 않게
늘 같은 자리에 있었고
아무 일 없는 듯
늘 조용히 웃었다

나는 그게
그저 엄마의 일상이라 생각했다

하지만 내가 엄마가 되어보니
그건 일상이 아니었다

매일 같은 시간에 일어나는 건
누군가를 위해 하루를 준비하는 일이고
똑같은 길을 걷는 건
안정감을 주기 위한 다짐이었다

늘 음식을 준비하며
가족의 건강을 챙겼고
늘 같은 자리에 있으면서
언제나 돌아갈 곳을 만들어주었다

엄마의 반복된 하루는
지루한 일상이 아닌
누군가를 위한 기도였고
사랑의 습관이었다

나는 오늘도
엄마를 배운다

눈에 띄지 않게
조용히 있어주며
변함없이 곁에 머무는 법을 배운다

나는 오늘도
엄마를 배운다

보여주지 않고
드러내지 않고
조용히 지켜보며
사랑하는 법을 배운다

엄마처럼,
아무렇지 않게
늘 같은 자리에서

오늘도, 내일도
나는 사랑을 배운다

엄마 마음 사용 설명서

1. 눈물 버튼
- 너무 자주 눌러지면 눈물이 차오릅니다.
- 사소한 말 한마디에도 예상치 못하게 작동합니다.
- 특히 '엄마 고마워' 혹은 '엄마 미안해'라는 말에 반응 속도가 매우 빠릅니다.

2. 걱정 모드
- 기본 설정이 항상 'ON'입니다.
- 아이가 집에 들어올 때까지 자동으로 작동하며 전화 한 통으로 해제됩니다.
- 하지만 금방 다시 작동하니
- 너무 놀라지 마세요.

3. 사랑 충전
- 아이의 웃음 한 번에 빠르게 충전됩니다.
- '엄마 사랑해' 한마디면 배터리 100% 완충!
- 충전된 사랑은 모든 피로를 해소시키는 강력한 효과가 있습니다.

4. 마음 멀티태스킹 모드
- 동시에 여러 가지를 생각하고 여러 가지를 할 수 있습니다.
- 밥을 하면서 아이의 숙제를 걱정하고 일을 하면서도 아이의 감기약을 챙깁니다.
- 하지만 가끔은 한 가지에만 집중하고 싶습니다.

5. 외로움 알림
- 자주 울리진 않지만 아이의 뒷모습을 볼 때 가끔 작동합니다.
- '엄마 혼자서도 괜찮아'라고 말할 때는 사실, 혼자가 두렵습니다.
- 알림이 울리면 따뜻한 말 한마디가 가장 빠른 해결책입니다.

6. 자랑 모드
- 자녀의 성장은 자동 업데이트됩니다.
- 친구들 앞에서는 절대 OFF가 되지 않습니다.
- 과도한 사용 시 아이에게 부끄러움을 유발할 수 있으니 주의하세요.

7. 고장 수리
- 눈물 닦아주기, 안아주기, '사랑해' 한마디면 금방 수리됩니다.
- 수리비는 무료입니다. 사랑으로 충분합니다.

오늘도, 내일도 엄마합니다

오늘도 나는
아이의 사진을 들여다본다

어릴 적에는
내 품에서만 잠들던 아이가
이제는 나 없이도
잘 자고, 잘 먹고,
잘 웃으며 산다

사춘기에는
문을 쾅 닫고
나를 밀어냈지만 그때도 나는
문 밖에서 마음을 두드렸다

독립한 지금은
가끔 걸려오는 전화 한 통에
내 하루가 빛나고
짧은 안부 인사에도
내 마음이 물결처럼 출렁인다

어릴 적에는
아프지 말라고 기도했고
사춘기에는

미워하지 않기를 바랐으며
이제는
행복하기만을 바란다

아이의 시간은
내 예상을 빗나가고
아이의 선택은
내 생각을 넘어선다

하지만 그 모든 걸
조용히 받아들이며
나는 오늘도 아이의 곁에 머문다

오늘도, 내일도
엄마라는 이름으로
아이의 행복을 바라보며
조용히 응원한다

아이의 인생이
내 손을 떠난 지금도
나는 여전히
아이의 이름을 부르며 기도한다

오늘도, 내일도,
그 이름 하나로
살아가는
나는 엄마입니다

엄마라는 말은 오래 남는다
- 엄마라는 말, 그 이름만으로 충분한 -
이 세상 모든 엄마에게

세상 어디에서든
아이의 이름을
가장 먼저 불러준 사람,
엄마였습니다

아이가 넘어졌을 때
가장 먼저 달려가 손을 내민 사람도
엄마였습니다

멀리 있어도
마음만은 가장 가까이 두고
아이를 걱정하고
아이를 응원하는 사람,
엄마였습니다

어떤 엄마는
부드러운 손길로 안아주었고
어떤 엄마는
말없이 등을 토닥여 주었으며
어떤 엄마는
따뜻한 밥 한 끼로 사랑을 전했습니다

모양은 달랐지만

모두 같은 이름으로 불렸습니다
엄마라는 이름으로

세월이 흘러도
시간이 지나도
엄마라는 말은 아이의 마음속에
오래도록 남아 있습니다

삶이 힘들 때마다
작은 위로가 되고
길을 잃었을 때마다
따뜻한 등불이 되었습니다

세상의 모든 엄마는
언제나 같은 자리에 서서
아이의 행복을 빌고,
아이의 눈물을 닦아주며
아이의 꿈을 응원했습니다

자신의 이름은 잊어버리고
엄마라는 이름만 남긴 채,
오직 사랑 하나로
아이를 지켜온 사람들,

이 세상의 모든 엄마에게
감사합니다
그리고 사랑합니다

당신의 사랑은 시간을 넘어
세대를 넘어 오래오래 남아
세상의 빛이 됩니다

엄마라는 말은 짧지만,
세상에서 가장
깊은 사랑의 이름입니다

오늘도, 내일도
이 세상의 모든 엄마는
사랑이라는 이름으로
오래오래 남습니다

당신이 있어
우리가 있습니다

이 세상 모든 엄마에게
마음을 담아 바칩니다

🌿 Epilogue

— 오늘도, 내일도, 엄마였던 당신에게 —

이 책을 끝까지 읽어주신 당신,
어쩌면 오늘도
누군가의 하루를 챙기느라
자기 마음은 잠시 접어두었을지 모릅니다.

그래서 더 알고 있습니다.
삶의 가장 고단한 자리에서
당신이 얼마나 묵묵히,
또 얼마나 애틋하게 살아왔는지를요.

우린 서로 다른 시간 속에 살지만,
'엄마'라는 이름 앞에서
비슷한 마음을 품고 있었습니다.

그 사랑이 때로는 눈물이었고,
그 인내가 때로는 외로움이었지만,
결국은 그 모든 시간이
누군가에게 따뜻한 집이 되어주었다는 걸
우리 모두 알고 있습니다.

당신의 하루를,
그 애쓴 마음을,
이 책이 다는 아니어도
조금이라도 알아주었기를 바랍니다.

오늘도, 엄마였습니다.
그리고 오늘도,
참 고생 많으셨습니다.
엄마라는 이름으로 살아낸 모든 시간에,
깊이 머리 숙여 마음을 보냅니다.

"2025년 여름, 김소연 드림"